Impressum
Verlag: BABADADA GmbH, Nedderfeld 112 , 22529 Hamburg
Geschäftsführer / Verlagsleitung: Harald Hof
Druck: Books on Demand GmbH, In de Tarpen 42, 22848 Norderstedt

Imprint
Publisher: BABADADA GmbH, Nedderfeld 112 , 22529 Hamburg, Germany
Managing Director / Publishing direction: Harald Hof
Print: Books on Demand GmbH, In de Tarpen 42, 22848 Norderstedt

classroom
sef

divide
parkirin

186/2

board
texte

school yard
hewşa dibistanê

teacher
mamoste

paper
kaxez

write
nivîsandin

pen
pênivîsk

desk
mase

ruler
rastek

book
pirtûk

pupil
xwendekar

satchel
çewal

pencil case
qûtî nivîstok

pencil
qelemrisas

pencil sharpener
nivîstok tûjkir

rubber
jêbir

drawing pad
nivîska nîgarê

drawing

nîgar

paintbrush

firçeya rengê

paint box

qûtî reng

scissors

meqes

glue

lezaq

exercise book

pirtûka fêrbûn

homework

wezîfa malê

number

hejmar

add

zêdekirin

subtract

derxistin

multiply

zêdekirin

calculate

hesibandin

letter

tîp

alphabet

alfabe

word

peyv

text
....
nivîsê

read
....
xwandin

chalk
....
geç

lesson
....
ders

register
....
qeydkirin

exam
....
îmtîhan

certificate
....
şehade

school uniform
....
kinca dibistanê

education
....
perwerdehî

encyclopedia
....
zanistname

university
....
zanîngeh

microscope
....
mîkroskûp

map
....
xerîte

waste-paper basket
....
sepeta kaxezê

hotel
mêvanxane

Grand

hostel
mêvanxane

ROOMS

bureau de change
ofîsa pere veguhartinê

ECHANGE

car
maşîn

language
ziman

yes / no
belê / na

Okay
baş

hello
silav

translator
wergêra nivîskî

Thank you
sipas

how much is...?

bihayê ... çi qase?

I do not understand

ez fam nakim

problem

pirsgirêk

Good evening!

êvarbaş!

Good morning!

beyanî baş!

Good night!

şev baş!

bye bye

xatirê te

direction

alî

luggage

hûrmûr

bag

çente

backpack

çente pişt

guest

mêvan

room

ode

sleeping bag

came xew

tent

çadir

tourist information

agagiyên gerokan

beach

rexê avê

credit card

kartê qerzê

breakfast

taştê

lunch

firavîn

dinner

şîv

ticket

kart

lift

asansor

stamp

pûl

border

tixûb

customs

gumirk

embassy

balyozxane

visa

vîza

passport

pasaport

travel - rêwêtî

aeroplane
firoke

ship
gemî

fire engine
erebe agirkûj

bus
otobûs

truck
kamyon

motorboat
papora matorê

bike
duçerxe

car
maşîn

ferry

papor

boat

papor

motorbike

motorsîklêt

police car

trimbêla polîsê

racing car

trimbêla pêşbaziyê

rental car

erebe kirêkirinê

car sharing

maşîn pervekirin

breakdown truck

kamyona kişandinê

refuse truck

kamyona xwelî

motor

motorsîklêt

fuel

mazot

petrol station

îstegeha benzînê

traffic sign

tabloya tirafîkê

traffic

hatinûçûn

traffic jam

tirafîk

car park

cihê parkê

train station

rawesteka trênê

tracks

rêç

train

trên

tram

trênê kolanê

carriage

erebe

helicopter
babirok

airport
balafirgeh

tower
birc

passenger
misafir

container
qûtî

carton
qûtî

cart
girgirok

basket
selik

take off / land
rabûn / nîştin

city

bajar

village
gund

city centre
navenda bajarê

house
xanî

cinema — sînema

advert — rêklam

street lamp — çirayê rêyê

street — rê, kolan

taxi — taksî

snack shop — dikan

pedestrian — peya

CINEMA

pavement — peyarê

zebra crossing — rêya derbazbûnê

bin — qûtî

crossing — rêya derbazbûnê

traffic lights — çira yên trafîkê

hut

kox

flat

xanî

train station

rawesteka trênê

town hall

telara şarevanî

museum

mûzexane

school

dibistan

university
zanîngeh

bank
bank

hospital
nexweşxane

hotel
mêvanxane

pharmacy
dermanxane

office
ofîs

book shop
kitêbfiroşî

shop
dikan

florist's
gulfiroş

supermarket
bazar

market
bazar

department store
supermarket

fishmonger's
masîfiroş

shopping centre
navenda kirrîn

harbour
bender

park

park

bench

sekû

bridge

pir

stairs

derince

underground

jêr erdê

tunnel

tunnel

bus stop

îstgeha otobûs

bar

bar

restaurant

xwaringeh

postbox

sindûqa postê

street sign

nîşanderka rêyê

parking meter

metra parkîngê

zoo

baxça heywanan

swimming pool

hewza melevanî

mosque

mizgeft

farm
cotgeh

pollution
lewitandina derdor

graveyard
goristan

church
kenîse

playground
erdê leyistinê

temple
perestgeh

landscape
tebîet

signpost
nîşanderka rê

way
rê

meadow
mêrg

stone
kevir

hiker
gerok

tree
dar

river
çem

grass
giya

flower
kulîlk

valley

dol

hill

gir

lake

gol

forest

daristan

desert

beyaban

volcano

volkan

castle

keleh

rainbow

keskesor

mushroom

kivark

palm tree

darqesp

mosquito

mixmixk

fly

mêş

ant

mêrî

bee

hing

spider

pîrê

beetle

kêzik

frog

beq

squirrel

sihor

hedgehog

jîjok

hare

kerguh

owl

pepûk

bird

çivîk

swan

qû

boar

berazê kovî

deer

pezkovî

moose

pezkovî

dam

bendav

wind turbine

tûrbîna ba

solar panel

panela xorê

climate

av û hewa

landscape - tebîet

waiter
berkar

menu
pêşek

chair
kursî

soup
şorbe

pizza
pîza

cutlery
çetel û çemçik

tablecloth
sifre

starter
xwarina destpêk

main course
xwarina serekî

dessert
şêranî

drinks
vexwarinan

food
xwarin

bottle
cam

fast food

xwarina lez

street food

xwarina rêyê

teapot

çaydanik

sugar bowl

qûtî şekirê

portion

beş

espresso machine

mekîna çêkirinê espresso

high chair

kursiya bilînd

bill

hesab

tray

sênî

knife

kêr

fork

çetel

spoon

kevçî

teaspoon

kevçiya çay

serviette

pêşgir

glass

qedeh

plate

teyfik

soup plate

teyfika şorbe

saucer

piyale

sauce

çênc

salt pot

xwêdank

pepper mill

qûtî bîbar

vinegar

sêk

oil

rûn

spices

biharat

ketchup

ketçap

mustard

mustard

mayonnaise

mayonêz

special offer
pêşkêşên taybet

customer
mişterî

FOR

dairy
şîremenî

fruit
fêkî

trolley
erebe

butcher's

qesabî

baker's

dikana nanpêj

weigh

wezin kirin

vegetables

sebze

meat

goşt

frozen food

xwarinê cemedî

cold meat

goştê sar

tinned food

xwarina pîlê

washing powder

xubarê paqijkirinê

sweets

şirînî

household products

berhemên navxweyî

cleaning products

berhemên paqijkirinê

salesperson

firoşyar

till

xeznok

cashier

diravgir

shopping list

lîsta kirrînê

opening hours

demên vekirî

wallet

cizdan

credit card

kartê qerzê

bag

çewal

plastic bag

çente

drinks
vexwarinan

water
av

juice
şerbet

milk
şîr

coke
komir

wine
şerab

beer
bîra

alcohol
alkol

cocoa
kakwo

tea
çay

coffee
qehwe

espresso
espresso

cappuccino
kapoçîno

banana

moz

apple

sêv

orange

pirteqalî

melon

gundor

lemon

lîmon

carrot

gêzer

garlic

sîr

bamboo

qamir

onion

pîvaz

mushroom

qarçik

nuts

gewîz

noodles

şihîre

spaghetti

spagêttî

rice

birinc

salad

selete

chips

çîps

fried potatoes

peteteya biraştî

pizza

pîza

hamburger

hamburger

sandwich

nanok

cutlet

goştê stûyê berxî

ham

goştê hişkkirî

salami

salamê

sausage

sosîs

chicken

mirîşk

roast

bijartin

fish

masî

porridge oats

şorbe bilûl

muesli

mûslî

cornflakes

kertên gilgilan

flour

ard

croissant

croissant

bread roll

semûn

bread

nan

toast

tost

biscuits

nanik

butter

nivîşk

curd

mast

cake

kulîçe

egg

hêk

fried egg

hêka qelandî

cheese

penîr

ice cream

dondirme

sugar

şekir

honey

hingiv

jam

mireba

chocolate spread

xameya nougat

curry

kurrî

food - xwarin

goat

bizin

cow

çêlek

calf

golik

pig

beraz

piglet

xinzîrk

bull

boxe

goose

qaz

duck

miravî

chick

cûçik

hen

mirîşk

cock

keleşêr

rat

circ

cat

kitik

mouse

mişk

ox

ga

dog

kûçik

doghouse

xaniya kûçikê

garden hose

xanî baxê

watering can

qûtîka avdanê

scythe

şalûk

plough

gasin

sickle

das

hoe

merbêr

pitchfork

darsapik

axe

bivir

wheelbarrow

destgere

trough

qûtî xwarina candaran

milk can

qûtî şîr

sack

tûr

fence

çeper

stable

axur

greenhouse

xana kulîlkan

soil

ax

seed

dendik

fertilizer

peyn

combine harvester

kombayn

harvest

zad

harvest

zad

yams

petete

wheat

genim

soy

fasolî

potato

petete

corn

dexl

rapeseed

dindik

fruit tree

darê fêkî

cassava

sêvê bin erdê

cereals

zad

living room

oda rûniştinê

bathroom

hemam

kitchen

metbex

bedroom

oda xewê

child's room

odeya zarok

dining room

oda şîvê

floor

binî

wall

dîwar

ceiling

berban

cellar

xenzik

sauna

sauna

balcony

balkon

terrace

berdanik

pool

hewza melevanî

lawn mower

çîmen birr

sheet

melhefe

bedspread

betanî

bed

nivîn

broom

gezik

bucket

satil

switch

kilîl

carpet

xalîçe

curtain

perde

table

mêz

chair

kursî

rocking chair

kursiya hejanok

armchair

kursî

book

pirtûk

blanket

betanî

decoration

xemilandin

firewood

êzing

film

film

hi-fi equipment

hi-fi

key

kilîl

newspaper

rojname

painting

nîgar

poster

poster

radio

radyo

notepad

defter

hoover

sivnika elektrîkî

cactus

kaktûs

candle

mom

fridge
sarinc

microwave oven
maykroveyv

kitchen scales
teraziya metbexê

toaster
amûra nan germkirinê

detergent
pagijker

freezer
sarker

oven
sobe

dishwasher
firaqşok

cooker

sobe

pot

aman

cast-iron pot

amaê ûtû

wok / kadai

firaqê mezin

pan

dîzik

kettle

kelînk

steamer

firaqê hilmê

baking tray

sênî nanê

crockery

firaq

mug

piyale

bowl

kasik

chopsticks

darê nanxwarin

ladle

hesk

spatula

kevçiya mezin

whisk

rînek

strainer

kefgîr

sieve

bêjing

grater

rêşker

mortar

destar

barbecue

biraştin

open fire

agirê vala

chopping board

texteya birrînê

rolling pin

darikê tîrê

corkscrew

devik badek

can

qûtî

can opener

qûtîvekir

pot holder

cawê amanan

sink

destşo

brush

firçe

sponge

parazoa

blender

tevdêr

deep freezer

sarkerê cemedî

baby bottle

şûşe bebikan

tap

henefî

heating
germijank

shower
dûş

towel
xawlî

shower curtain
perdeya hemamê

bubble bath
kefê hemam

bathtub
hewza hemam

glass
qedeh

washing machine
cilşok

tap
henefî

tiles
acûr

potty
tiwaleta zarokan

sink
destşo

toilet	squat toilet	bidet
tiwalet	tiwaleta erdê	tiwalet

urinal	toilet paper	toilet brush
avdestxana mêran	kaxeza tiwalet	firşeya tiwalet

toothbrush

firçeya diran

toothpaste

mecûna diran

dental floss

nexa didan

wash

şûştin

handheld shower

dûşê destê

douche

dûş

basin

destşo

back brush

firça pişt

soap

sabûn

shower gel

cêlê hemam

shampoo

şampo

flannel

fanîle

drain

zêrab

cream

kirêm

deodorant

bêhn xweşkir

mirror

mirêk

hand mirror

mirêka destê

razor

gûzan

shaving foam

kefê teraşînê

aftershave

mecûna piştî teraşînê

comb

şeh

brush

firçe

hair dryer

por hîşikkir

hairspray

sipraya porê

makeup

kozmetîk

lipstick

soravk

nail varnish

rengê nînok

cotton wool

pembû

nail scissors

meqesta nînok

perfume

parfûm

washbag

çewalê hemamê

stool

kursiya bêpişt

weighing scale

terazî

bathrobe

kinca hemamê

rubber gloves

lepika lastîkê

tampon

tampon

sanitary towel

xawliya paqijkirinê

chemical toilet

tiwaleta kîmîyewî

child's room
odeya zarok

alarm clock
demjimêrk

cuddly toy
lîstok

toy car
maşîna lîstok

rattle
xişxişok

doll's house
mala lîstok

present
xelat

balloon

pifdank

bed

nivîn

pram

koçk

deck of cards

lîstika kartê

jigsaw

frîzbî

comic

komîk

lego bricks

acûra lêgo

building blocks

acûra lîstok

action figure

bûke şûşe

babygrow

kinca bebikan

frisbee

frizbee

mobile

veguhestin

board game

lîstikên texte

dice

mor

model train set

modêla trênê

dummy

memik

party

cejn

picture book

kitêba wêne

ball

top

doll

bûke şûşe

play

leyîstin

sandpit

kuna xîzê

swing

colane

toys

lîstokan

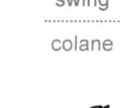

video game console

lîstika vîdeoyî

tricycle

sêçerxe

teddy bear

hirça lîstok

wardrobe

cildank

clothing

kinc

socks

gore

stockings

gore

tights

derpêgorê

scarf
şal

belt
qayiş

umbrella
çetir

t-shirt
kiras

boots
şekal

slippers
pêlavê rav malê

trainers
pêlav

sandals
....
solik

shoes
....
sol

rubber boots
....
potîna çermê

underpants
....
pantolê jêr

bra
....
pêsîrbend

vest
....
çekbend

body

cendek

trousers

pantol

jeans

jeans

skirt

daman

blouse

kiras

shirt

kiras

pullover

fanêle

hoodie

fanêle

blazer

cakêt

jacket

sako

coat

çaket

raincoat

baranî

costume

lebas

dress

fîstan

wedding dress

cilê dawetê

suit

kostum

nightgown

pêcame

pyjamas

pêcame

sari

saree

headscarf

leçik

turban

mêzer

burqa

hêram

kaftan

kaftan

abaya

eba

swimsuit

kinca ajnêkirin

trunks

cilka melevanî

shorts

şort

tracksuit

cila hêvojkarî

apron

pêşmal

gloves

lepik

button

dûgme

glasses

berçavik

bracelet

bazin

necklace

gerdenî

ring

gustîl

earring

guhark

cap

devik

coat hanger

hilavistek

hat

kûm

tie

kirawat

zip

zîp

helmet

serparêz

braces

derzî

school uniform

kinca dibistanê

uniform

yûnîform

bib

berdilk

dummy

memik

nappy

pundax

server
pêşkeşker

filing cabinet
dolabê belge

printer
çaper

paper
kaxez

monitor
nîşander

desk
mase

mouse
mişk

folder
defter

keyboard
klavye

chair
kursî

waste-paper basket
sepeta kaxezê

computer
komputer

coffee mug

kasika qehwe

calculator

hesabker

internet

înternet

laptop

komputera laptop

letter

name

message

peyam

mobile

telefona mobîl

network

tor

photocopier

mekîna fotokopî

software

software

telephone

telefon

plug socket

socketa fîşek

fax machine

mekîna faxê

form

form

document

belge

buy

standin

pay

pere dan

trade

bazirganî

money

pere

dollar

dollar

euro

yoro

yen

yenê Japonê

rouble

roblê Rûsî

Swiss franc

firankê Swîsê

renminbi yuan

yuanê Çînê

rupee

rûpee Hindî

cashpoint

mekîna jixwebera dirav

bureau de change

ofîsa pere veguhartinê

gold

zêrr

silver

zîv

oil

neft

energy

wize

price

biha

contract

peyman

tax

tax

stock

seham

work

karkirin

employee

karker

employer

karda

factory

fabrîka

shop

dikan

police officer
polîs

fireman
agirkuj

pilot
firokevan

cook
aşbaz

doctor
bijîşk

gardener
baxçevan

carpenter
necar

seamstress
dirûnvan

judge
hakim

chemist
şîmyazan

actor
şanoger

bus driver

şufêrê basê

taxi driver

şufêrekî taksiyê

fisherman

masîvan

cleaning lady

pagijker

roofer

çêkirê banî

waiter

berkar

hunter

nêçirvan

painter

rengrês

baker

nanpêj

electrician

karebavan

builder

avaker

engineer

endezyar

butcher

qesab

plumber

lûlekar

postman

postevan

soldier

esker

architect

mîmar

cashier

diravgir

florist

firotkara çîçekan

hairdresser

porçêker

conductor

ajovan

mechanic

mekanîk

captain

keştîvan

dentist

pizîşka didanan

scientist

zanistyar

rabbi

rûhan

imam

îmam

monk

keşe

clergyman

keşîş

hammer
çekûç

pliers
mûçîng

screwdriver
cerbader

spanner
açer

torch
dara çira

digger

şofel

toolbox

qûtiya amûran

ladder

peyje

saw

mişar

nails

mîx

drill

qulkirin

repair

çêkirin

shovel

merbêr

Damn!

nalet!

dustpan

bêl

paint pot

qûtiya rengê

screws

cerr

musical instruments
amûrên mûzîkê

drum kit
komê dehol

loudspeaker
bilîndgo

guitar
gîtar

double bass
dû bas

trumpet
zirna

piano

piyano

violin

viyolîn

bass

bas

timpani

dehol

drums

dahol

keyboard

keyboard

saxophone

saksofon

flute

bilûr

microphone

mîkrofon

baxça heywanan

tiger
pîling

entrance
navder

cage
qefes

zebra
kerê çiya

animal feed
xwarina heywan

panda
panda

animals

heywan

elephant

fîl

kangaroo

kangarû

rhino

kerkeden

gorilla

gorîl

bear

hirç

camel

hêştir

ostrich

hêştirme

lion

şêr

monkey

meymûn

flamingo

flamîngo

parrot

papaxan

polar bear

hirça cemserî

penguin

penguîn

shark

semasî

peacock

tawûs

snake

mar

crocodile

timsah

zookeeper

parêzera baxça ajalan

seal

seya derya

jaguar

piling

zoo - baxça heywanan

pony

hesp

leopard

piling

hippo

hespê rûbar

giraffe

canhêştir

eagle

helo

boar

berazê kovî

fish

masî

turtle

kûsî

walrus

walras

fox

rovî

gazelle

xezal

American football
fûtbolê Amerîka

cycling
bisiklêtan

tennis
tenîs

basketball
baskêtbol

swimming
avjenîkirin

boxing
boxing

ice hockey
hokeya ser cemedê

football
fûtbol

badminton
badminton

athletics
yê atletîzmê

handball
hendbol

skiing
befirajotin

polo
polo

laugh
kenîn

jump
hilpeke

hug
hembêz

walk
birêveçûn

sing
lawje gutin

dream
xewn dîtin

pray
nimêj kirin

kiss
maçkirin

write
nivîsandin

draw
nîgar kêşan

show
nîşan dan

push
paldan

give
dayîn

take
rakirin

have
heyîn

do
kirin

be
bûn

stand
sekinîn

run
bazdan

pull
kişandin

throw
avêtin

fall
ketin

lie
derew kirin

wait
sekinîn

carry
guhêztin

sit
rûniştin

get dressed
cil berkirin

sleep
razan

wake up
rabûn

look at

mêze kirin

cry

girîn

stroke

celte

comb

şe kirin

talk

peyvîn

understand

famkirin

ask

pirskirin

listen

bihîstin

drink

vexwarin

eat

xwarin

tidy up

kom kirin

love

hezkirin

cook

xwarin çêkirin

drive

ajotin

fly

firrîn

sail

kesştîvanî

calculate

hesibandin

read

xwandin

learn

hînbûn

work

karkirin

marry

zewicîn

sew

dirûtin

brush teeth

didan şûtin

kill

kuştin

smoke

dûxan

send

şandin

grandmother
dapîr

grandfather
bapîr

father
bav

mother
dê

baby
bebek

daughter
keç

son
kur

guest

mêvan

aunt

met

uncle

ap/xal

brother

bira

sister

xwişl

forehead
enî

eye
çav

shoulder
mil

finger
tilî

face
rû

chin
zenî

hand
dest

breast
sîng

leg
ling

arm
pîl

baby

bebek

man

mêr

woman

jin

girl

keç

boy

kor

head

ser

back
....
pişt

belly
....
zik

belly button
....
navik

toe
....
tilîya pê

heel
....
panî

bone
....
hestî

hip
....
kûlîmek

knee
....
jûnî

elbow
....
enîşk

nose
....
difn

bottom
....
qûn

skin
....
çerm

cheek
....
rû

ear
....
gûh

lip
....
lêv

mouth
dev

tooth
diran

tongue
ziman

brain
mêjî

heart
dil

muscle
masûl

lung
cîgera spî

liver
ceger

stomach
made

kidneys
gûrçikan

sex
cotbûn

condom
kondom

ovum
hêk

semen
tov

pregnancy
dûcanî

menstruation
ade

vagina
qûz

penis
kîr

eyebrow
birû

hair
por

neck
hûstû

hospital
nexweşxane

ambulance
ereba nexweşan

wheelchair
ereboka kûllekan

fracture
şikeste

doctor

bijîşk

emergency room

oda lezgînê

nurse

nexweşyar

emergency

acîlîyet

unconscious

bêhay

pain

êş

injury

birîn

bleeding

xwînpijan

heart attack

hêrişa dilî

stroke

celte

allergy

alerjî

cough

kuxik

fever

ta

flu

zikam

diarrhoea

navçûyin

headache

serêş

cancer

qansêr

diabetes

nexweşiya şekirê

surgeon

emelîkar

scalpel

skalpêl

operation

emelî

CT

CT

x-ray

sûretê rontgên

ultrasound

ûltrasawnd

face mask

maskê rûyê

disease

nexweşî

waiting room

oda sekinînê

crutch

goçan

plaster

şêl

bandage

paçê birînpêçanê

injection

derzî

stethoscope

bîstoka pizîşkî

stretcher

darbest

clinical thermometer

têhnpîva klînîkê

birth

zayîn

overweight

qelew

hearing aid

alîkariya bihîstinê

disinfectant

bakterîkuj

infection

kotîbûn

virus

vîrûs

HIV / AIDS

HIV / AIDS

medicine

derman

vaccination

kutan

tablets

heban

pill

heb

emergency call

lezgîn

blood pressure monitor

dîmenderê pesto xwîn

ill / healthy

nexweş / sax

Help! Hewar!	 alarm alarm	 assault êrîş
  attack êrîşkirin	 danger talûk	 emergency exit derketina acil
Fire! agir!	 fire extinguisher agir vemirandinê	 accident qeza
  first-aid kit aletên alîkariya yekem	 SOS SOS	 police polîs

Europe

Ewropa

North America

Amerîkaya Bakûr

South America

Amerîkaya Başûr

Africa

Afrîka

Asia

Asya

Australia

Awustralya

Atlantic

Atlantîk

Pacific

Okyanûsa Mezin

Indian Ocean

Okyanûsa Hindî

Antarctic Ocean

Okyanûsa Antarktîka

Arctic Ocean

Okyanûsa Arktîk

North Pole

Cemsera Bakûr

South Pole

Cemsera Başûr

Antarctica

Antarktîka

Earth

erd

land

ax

sea

behir

island

dûrge

nation

milllet

state

welat

clock face

rûyê saet

hour hand

nişanderka demjimêr

minute hand

nişanderka deqe

second hand

nişanderka saniye

What time is it?

Seet çende?

day

roj

time

dem

now

niha

digital watch

saetê dicîtal

minute

deqe

hour

seet

week

hefte

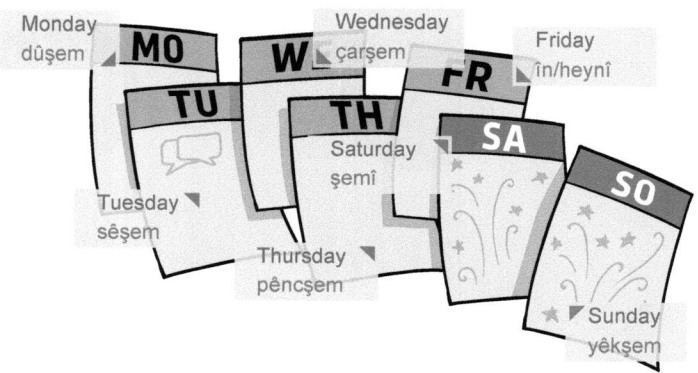

Monday
dûşem

Wednesday
çarşem

Friday
în/heynî

Tuesday
sêşem

Thursday
pêncşem

Saturday
şemî

Sunday
yêkşem

yesterday

duh

today

îro

tomorrow

sibey

morning

sibe

noon

nîvro

evening

êvar

business days

rojên karê

weekend

dawiya hefte

rain
baran

snow
befir

wind
ba

spring
bihar

autumn
payîz

summer
havîn

winter
zivistan

weather forecast

pêşbîniya hewa

thermometer

tehnpîv

sunshine

tav

cloud

hewr

fog

mij

humidity

hêmî

year - sal

81

lightning

birq

thunder

brûsk

storm

tofan

hail

terg

monsoon

mansûn

flood

lehî

ice

cemed

January

rêbendan

February

reşeme

March

newroz

April

gulan

May

cozerdan

June

pûşper

July

gelawêj

August

xermanan

82   year - sal

September

rezber

October

kewçêr

November

sermawez

December

befranbar

shapes
şêwe

circle

çember

square

çarçik

rectangle

çarqozî

triangle

sêqozî

sphere

qada

cube

xiştek

white

sipî

yellow

zer

orange

pirteqalî

pink

pembe

red

sor

purple

mor

blue

şîn

green

kesik

brown

qehweyî

grey

gewr

black

reş

a lot / a little

zor / kêm

angry / calm

bi hêrs / bêdeng

beautiful / ugly

bedew / nerind

beginning / end

destpêk / dawî

big / small

mezin / biçûk

bright / dark

ronî / tarî

brother / sister

brak / xwişk

clean / dirty

pagij / girêj

complete / incomplete

tevî / netemam

day / night

roj / şev

dead / alive

mirî / zindî

wide / narrow

fire / teng

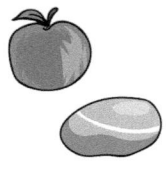

edible / inedible

xweş / nexweş

evil / kind

nebaş / baş

excited / bored

bi heyecan / aciz

fat / thin

qelew / zirav

first / last

yekemîn / dawîn

friend / enemy

heval / dijmin

full / empty

tijî / vala

hard / soft

req / nerm

heavy / light

giran / sivik

hunger / thirst

birçî / tînî

ill / healthy

nexweş / sax

illegal / legal

neqanûnî / qanûnî

intelligent / stupid

rewşenbîr / balûle

left / right

çep / rast

near / far

nêzî / dûr

new / used

nû / bikarhatî

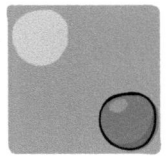

nothing / something

hîç / tiştek

old / young

kal / ciwan

on / off

li / ji

open / closed

vekirî / girtî

quiet / loud

aram / dengbilind

rich / poor

dewlemend / reben

right / wrong

rast / şaş

rough / smooth

dirr / hilû

sad / happy

xemgîn / şa

short / long

kurt / dirêj

slow / fast

hêdî / zû

wet / dry

şil / ziwa

warm / cool

germ / hênik

war / peace

şerr / aşitî

0

zero

sifir

1

one

yek

2

two

dû

3

three

sê

4

four

çar

5

five

pênc

6

six

şeş

7

seven

heft

8

eight

heşt

9

nine

neh

10

ten

deh

11

eleven

yazde

12

twelve

dazde

13

thirteen

sêzde

14

fourteen

çarde

15

fifteen

pazde

16

sixteen

şazde

17

seventeen

hefde

18

eighteen

hejde

19

nineteen

nozdeh

20

twenty

bîst

100

hundred

sed

1.000

thousand

hezar

1.000.000

million

milyon

English
Inglîzî

American English
Inglîziya Amerîkî

Chinese Mandarin
Çînî Mandarîn

Hindi
Hindî

Spanish
Îspanyolî

French
Frensî

Arabic
Erebî

Russian
Rûsî

Portuguese
Portugalî

Bengali
Bengalî

German
Elmanî

Japanese
Japonî

I

min

you

tu

he / she / it

ew / ev / ew

we

em

you

tu

they

ew

who?

kî?

what?

çi?

how?

çawa?

where?

kû?

when?

kengî?

name

nav

behind

piştî

in

li

in front of

pêşî

over

ser

on

ser

under

bin

beside

kêlek

between

navber

place

cih